Prescripción De Paisleys

Libro De Colorear Adultos
Estrés Aliviar Patrones Edición

Coloring Bandit

Publicado por Speedy Publishing Canada Limited

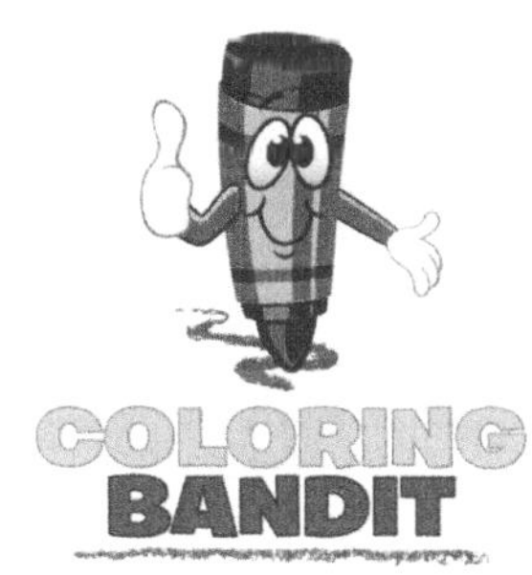

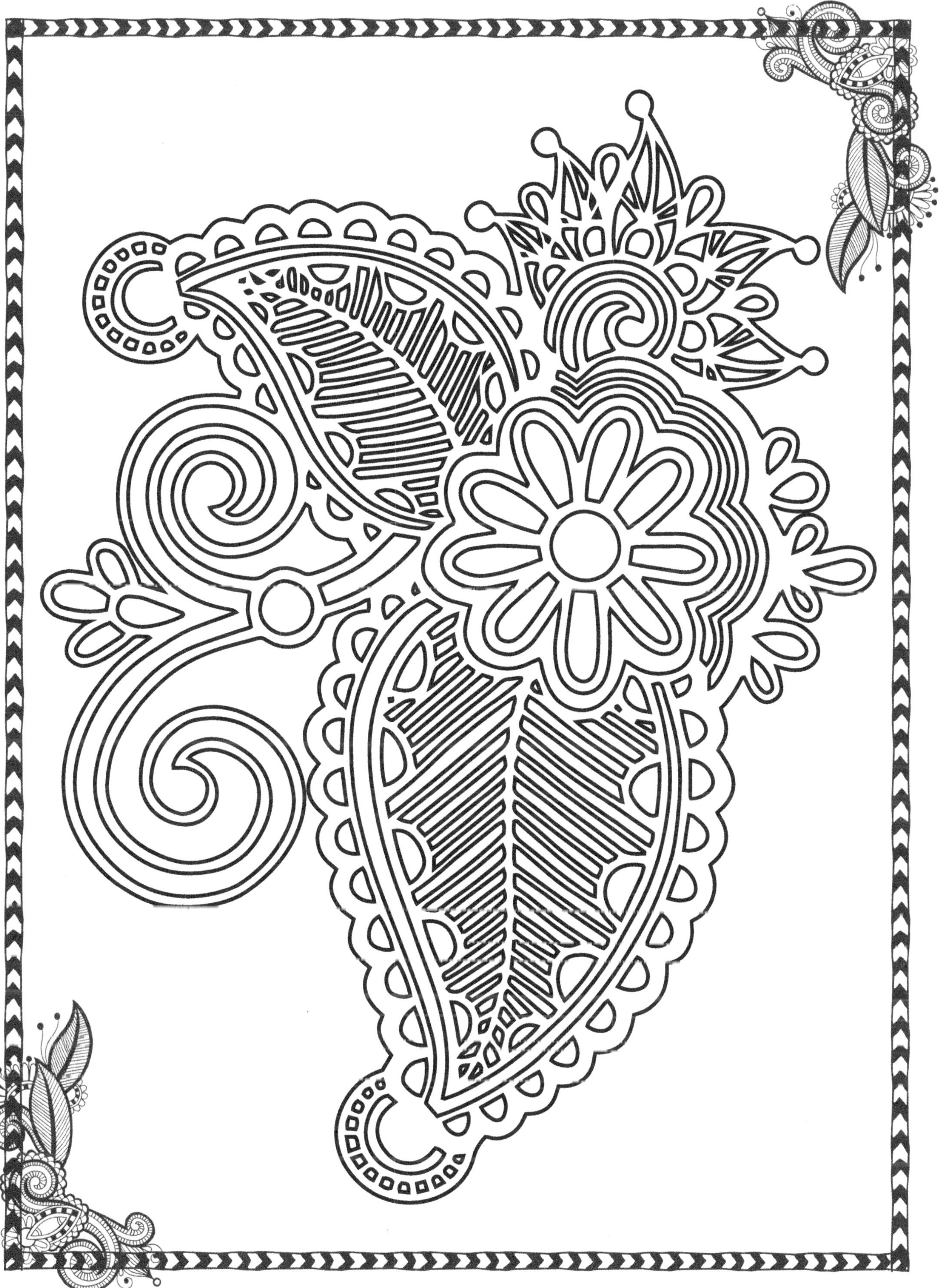

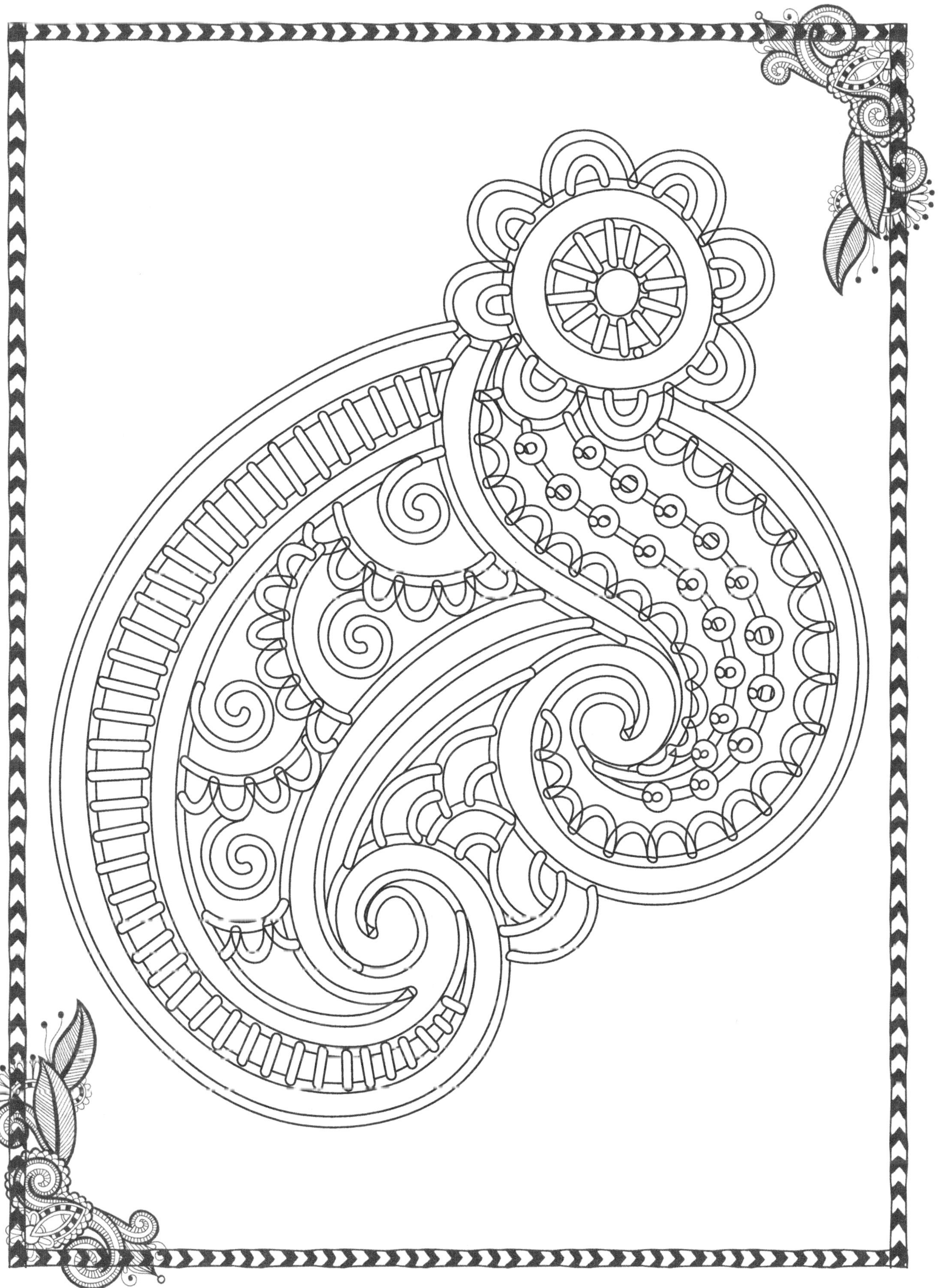

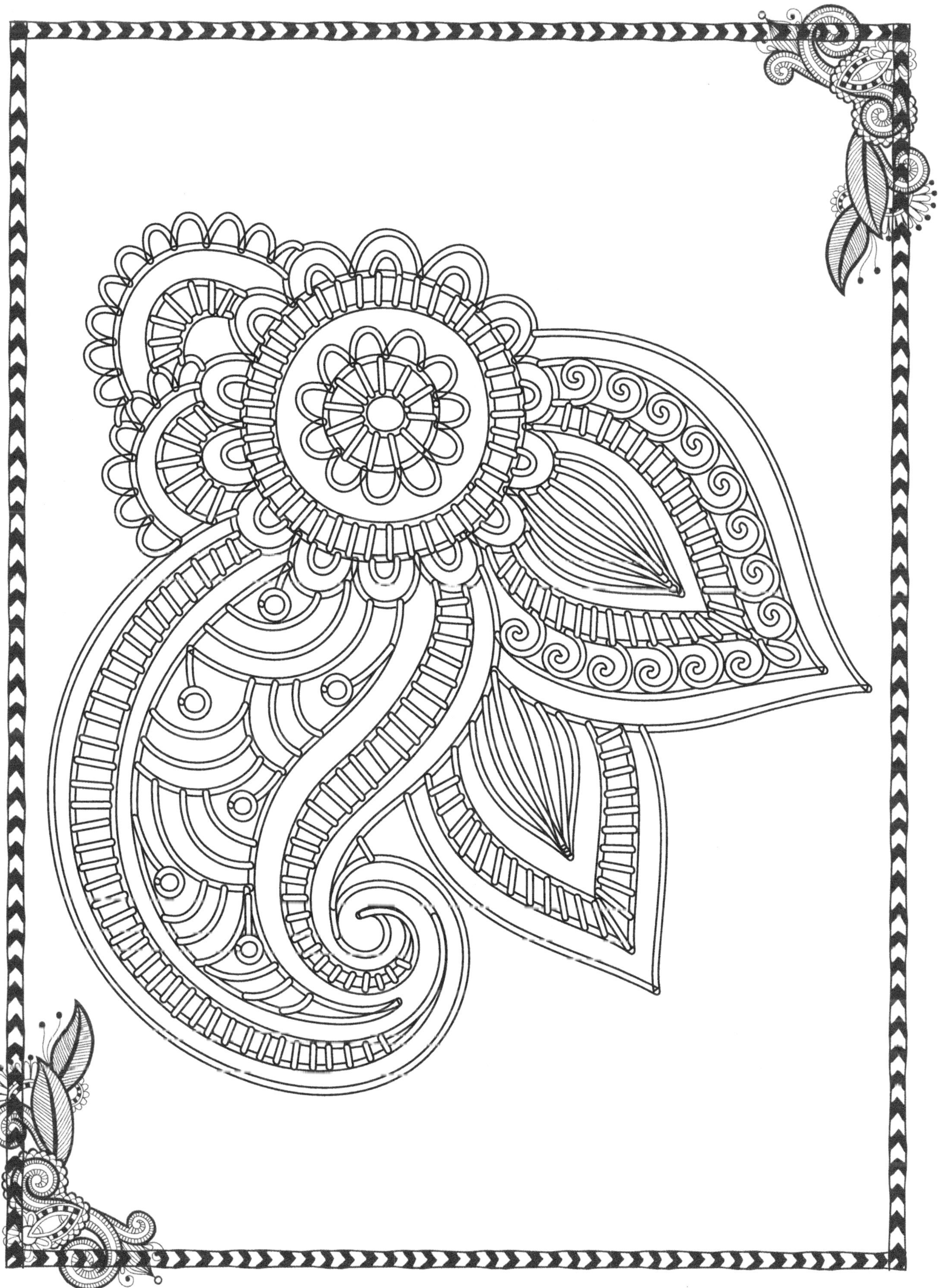

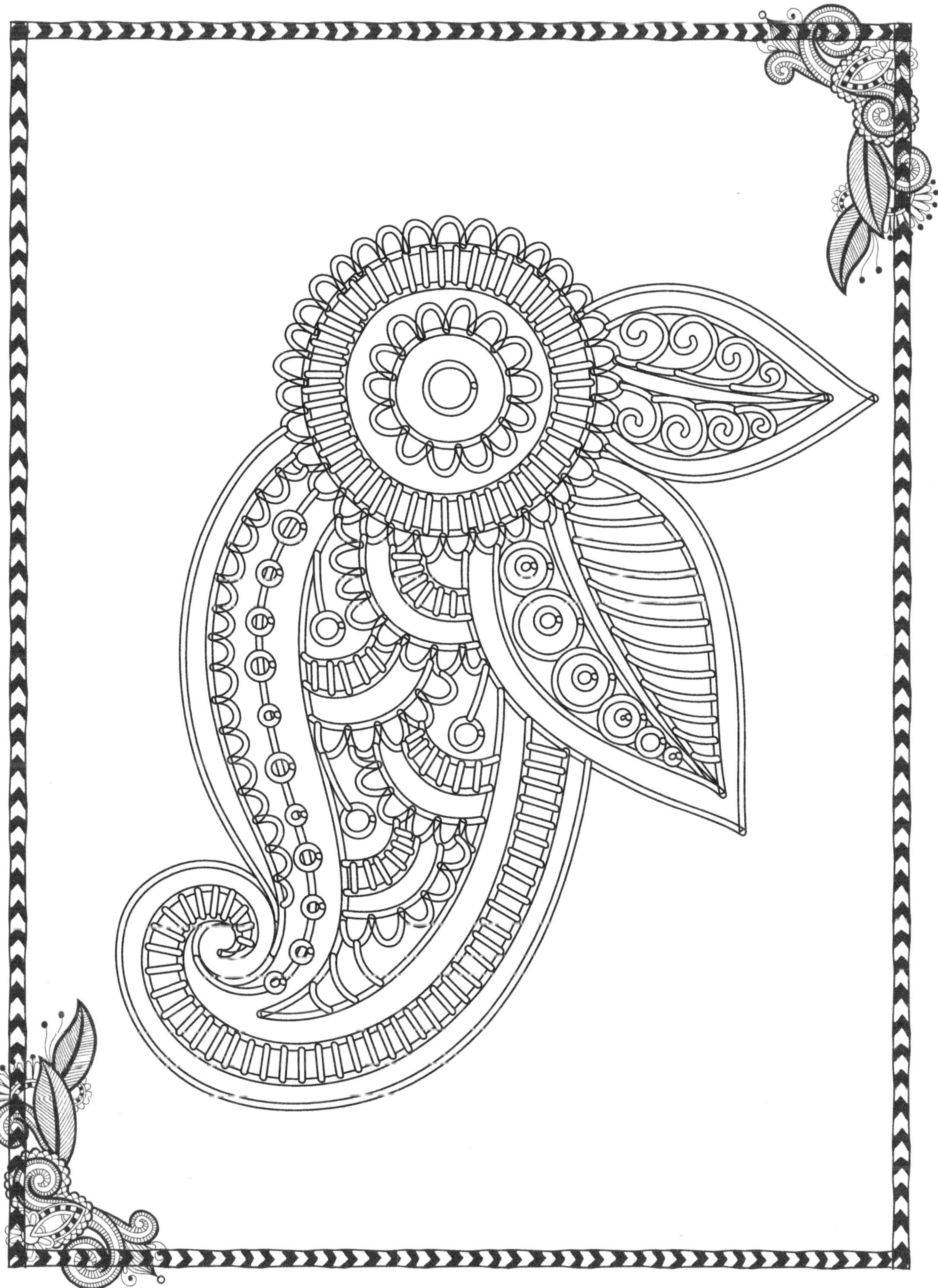

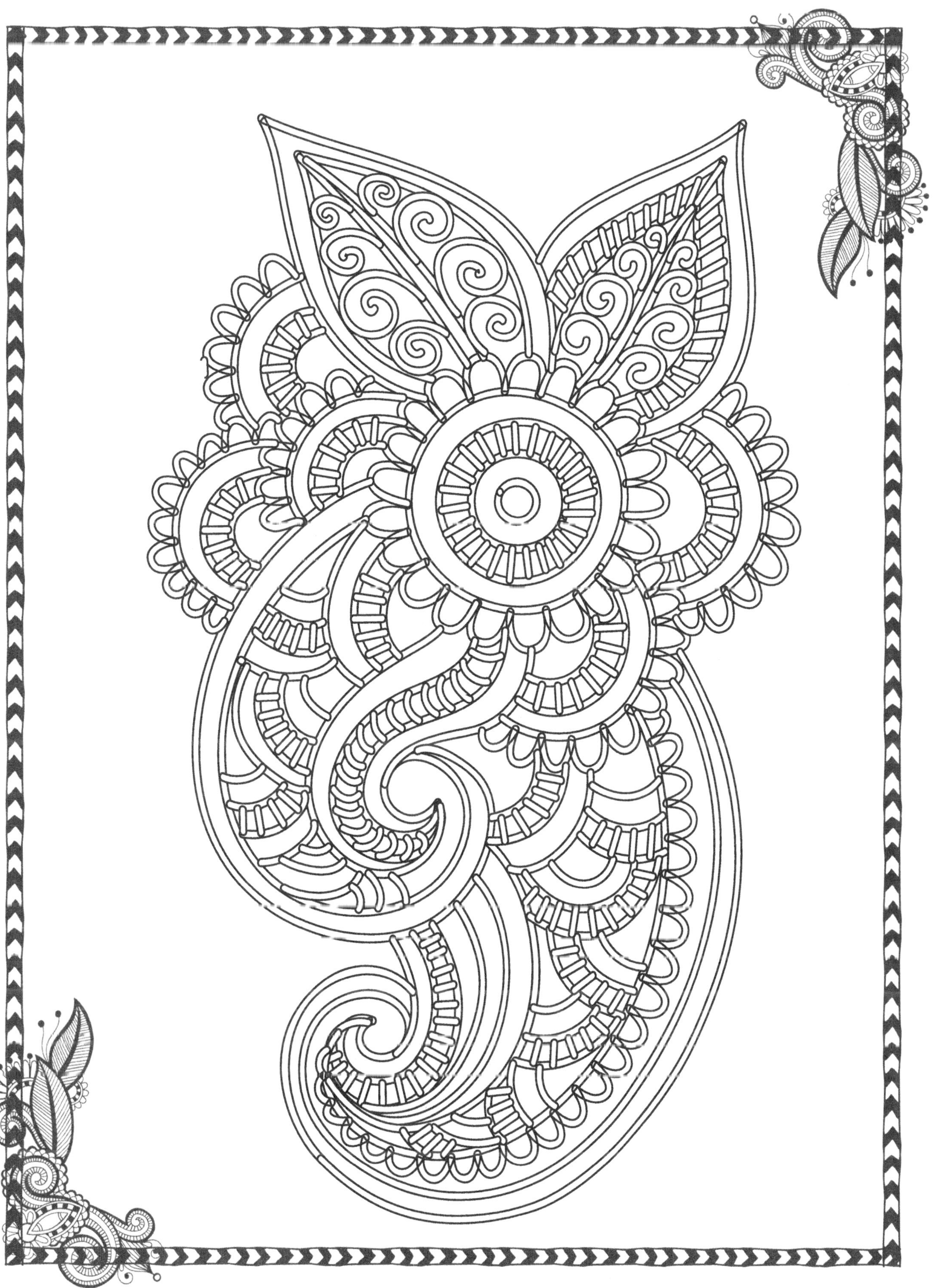

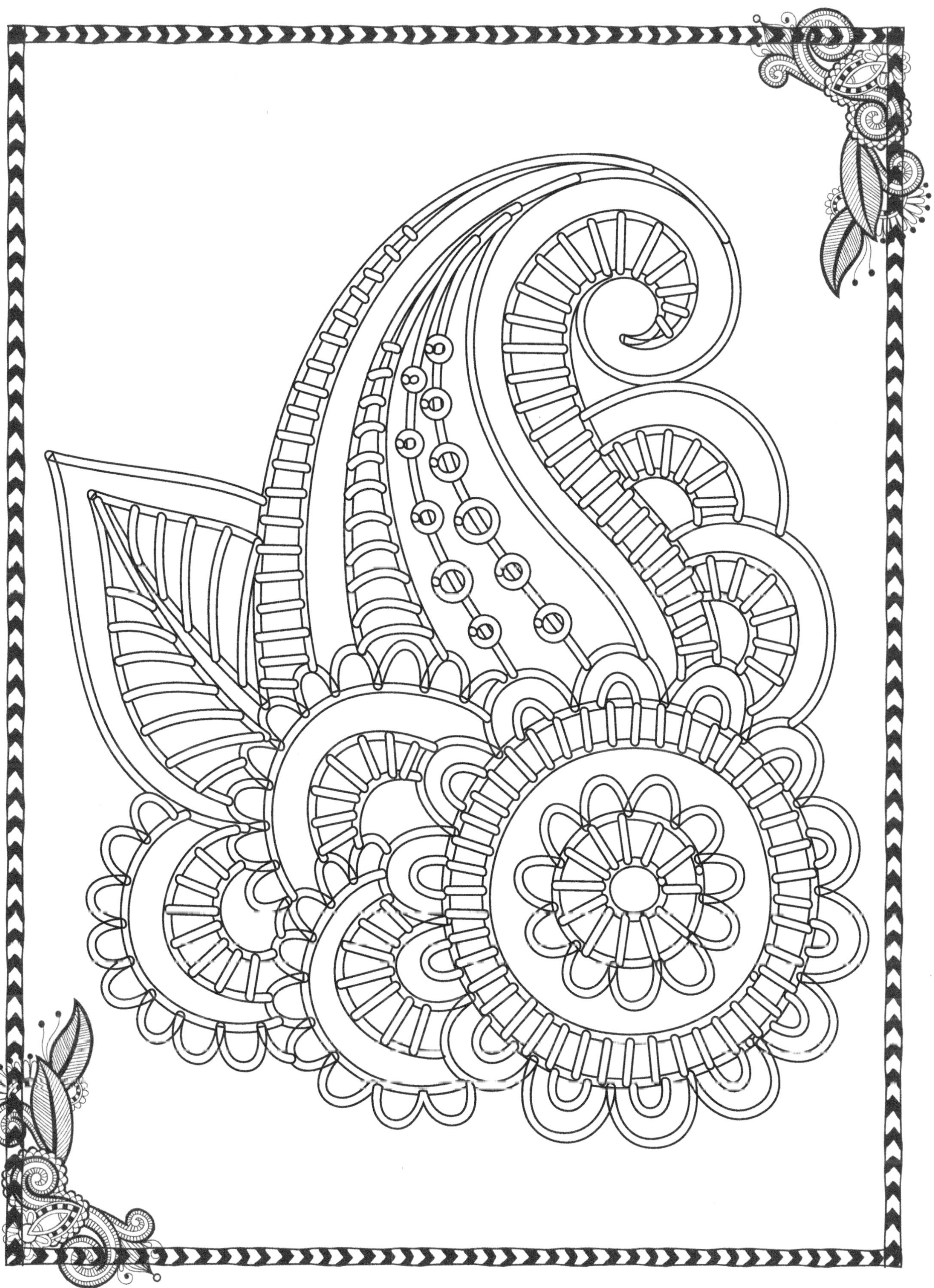

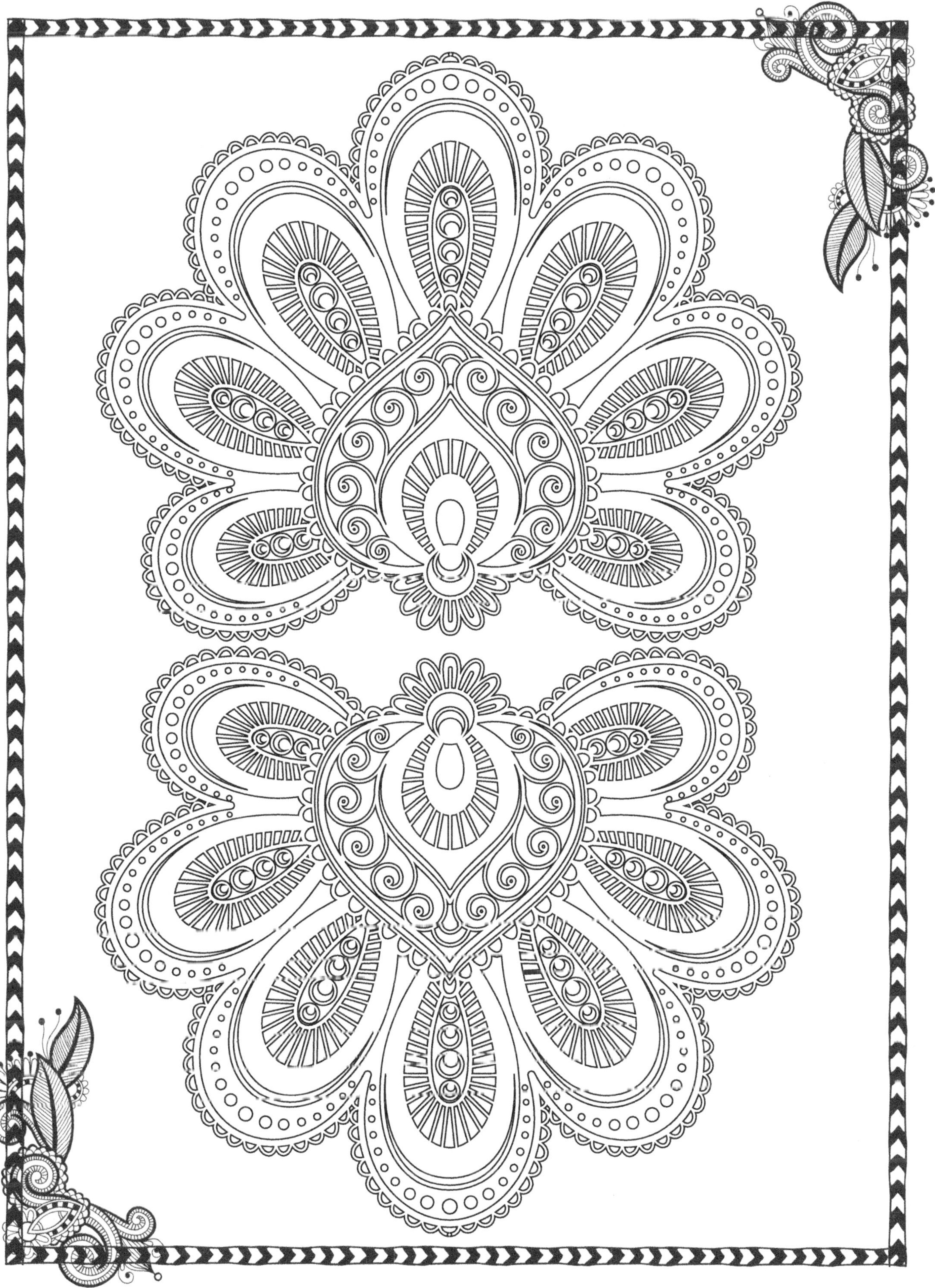

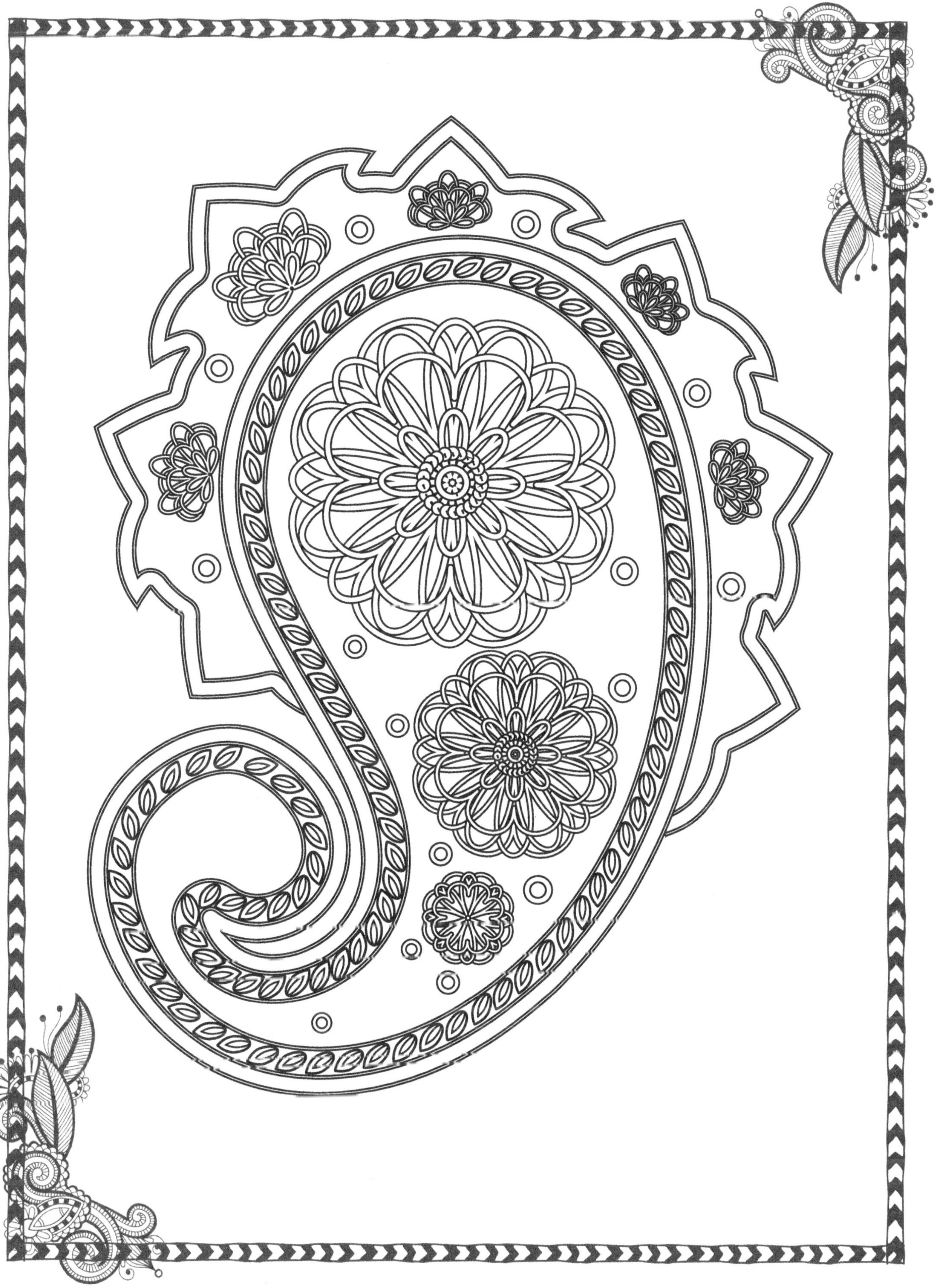

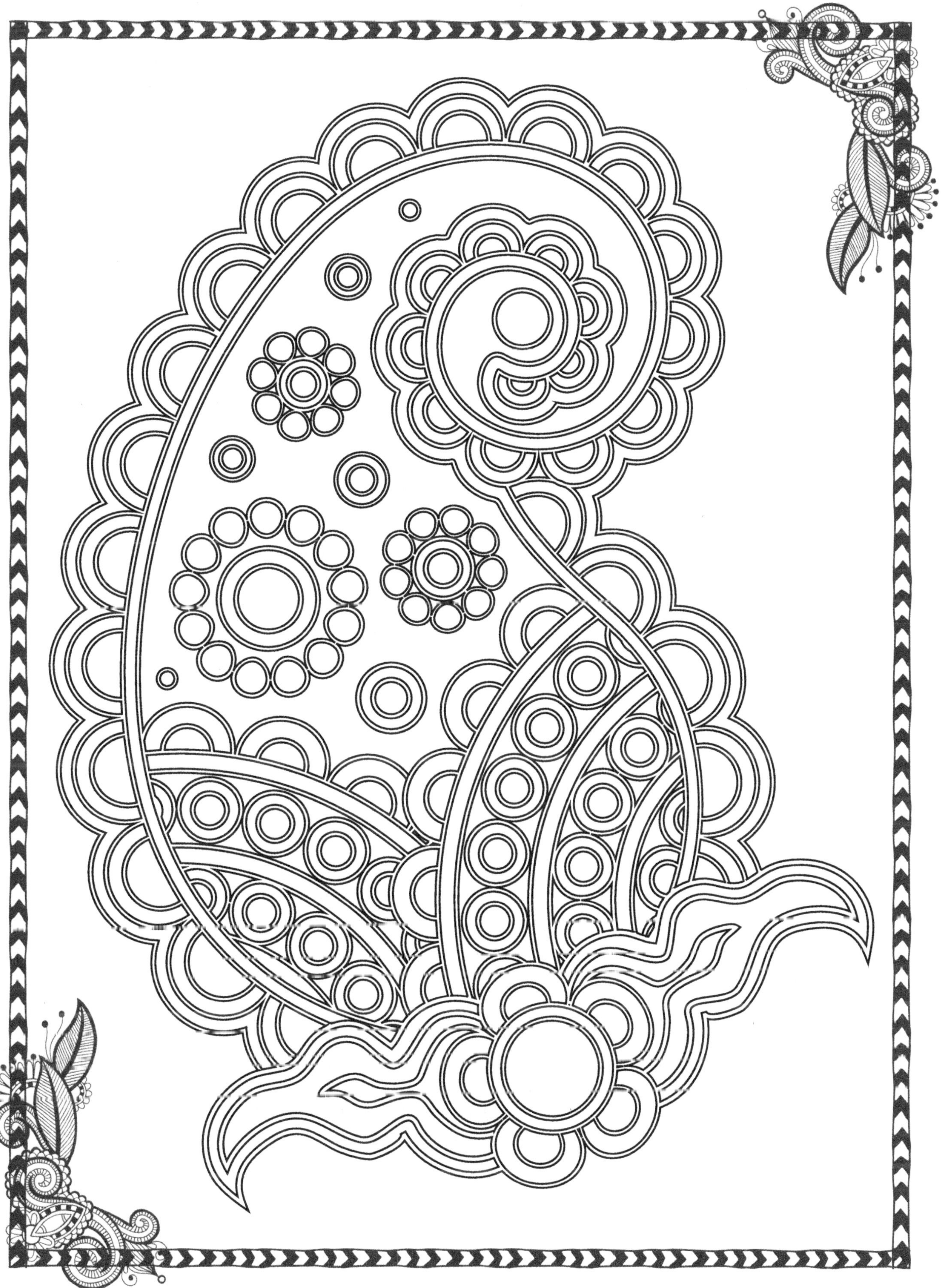

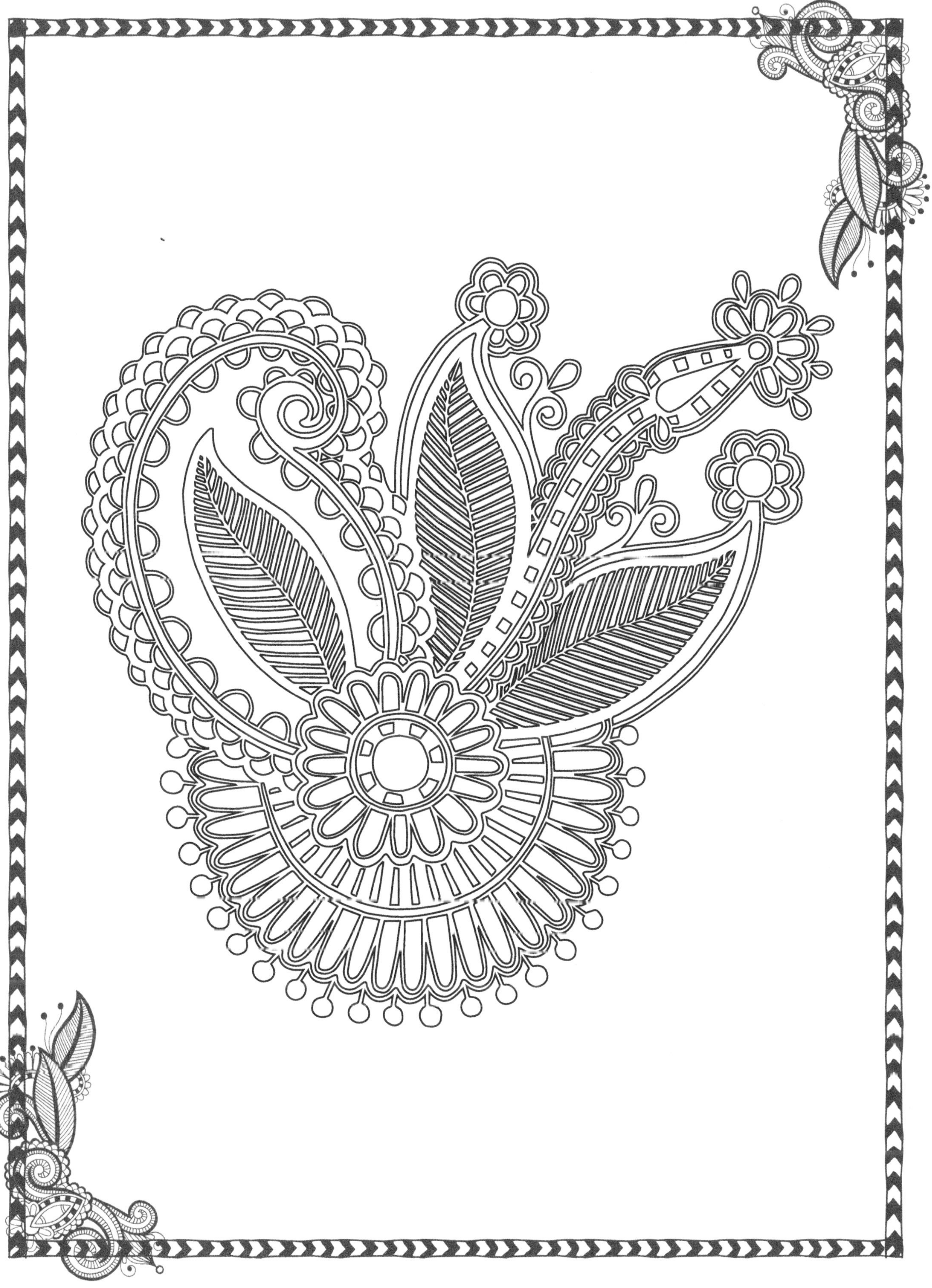

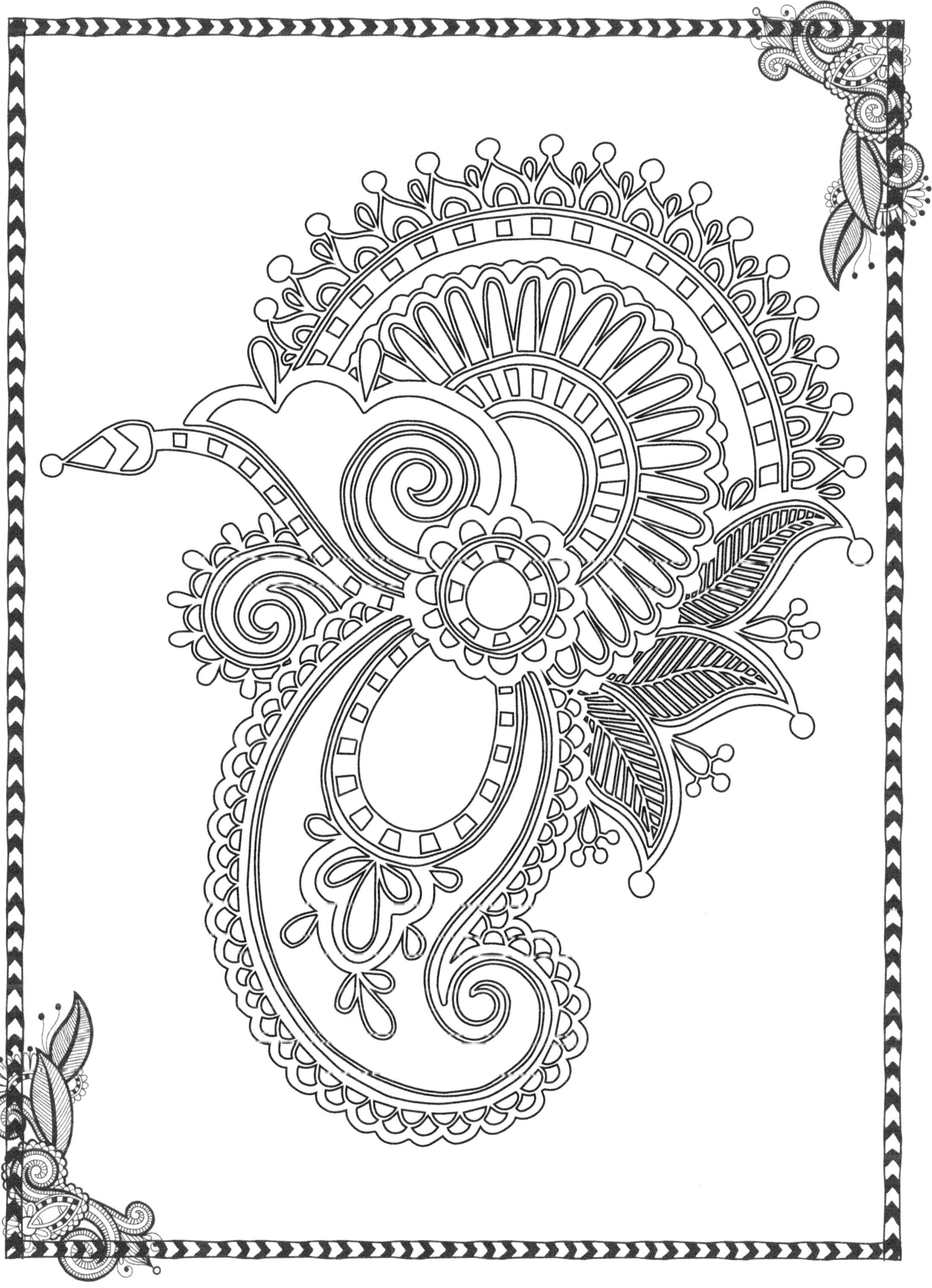

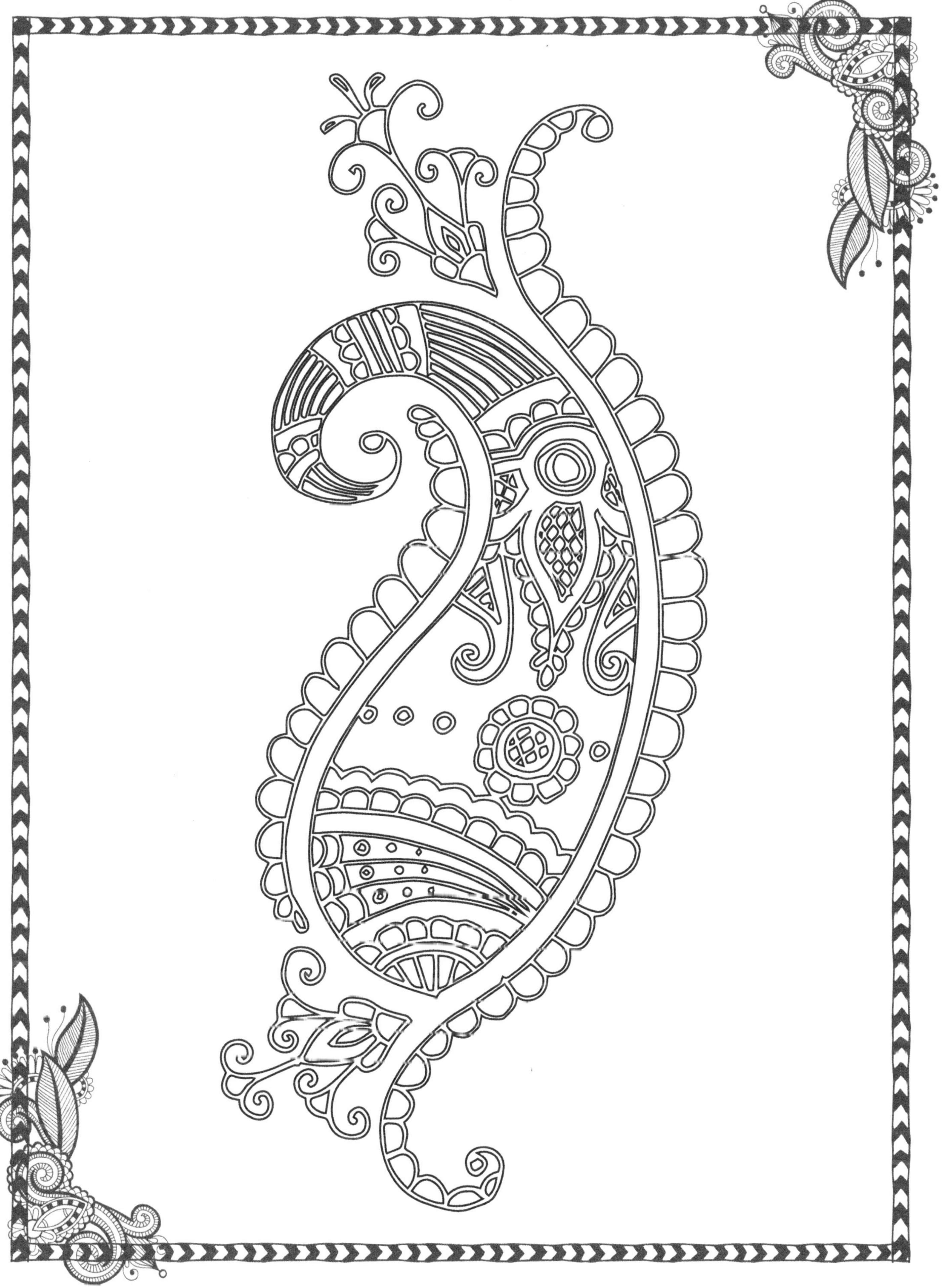

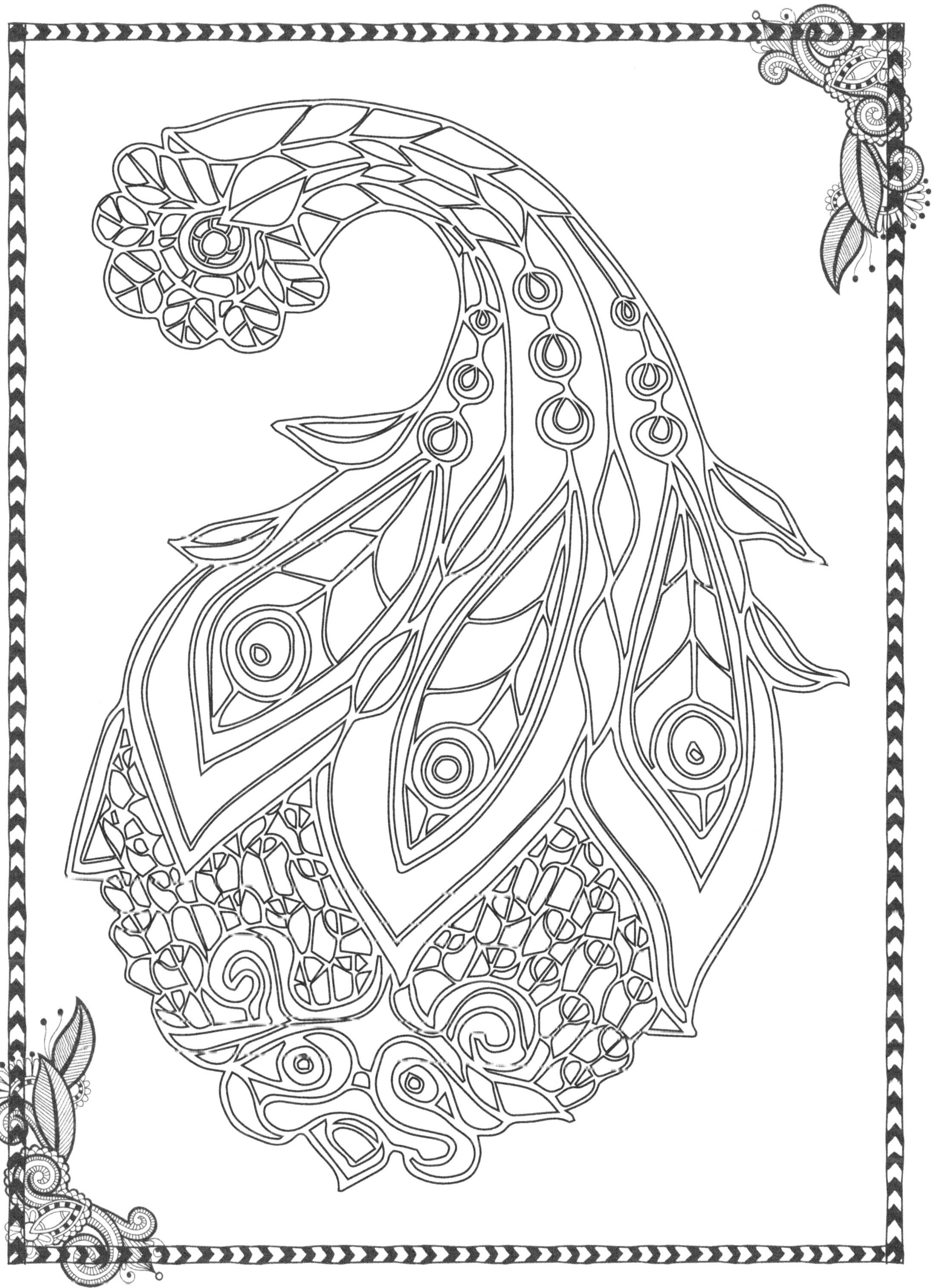

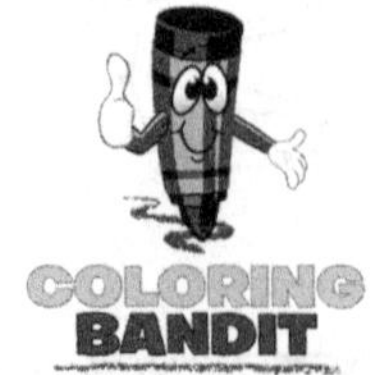

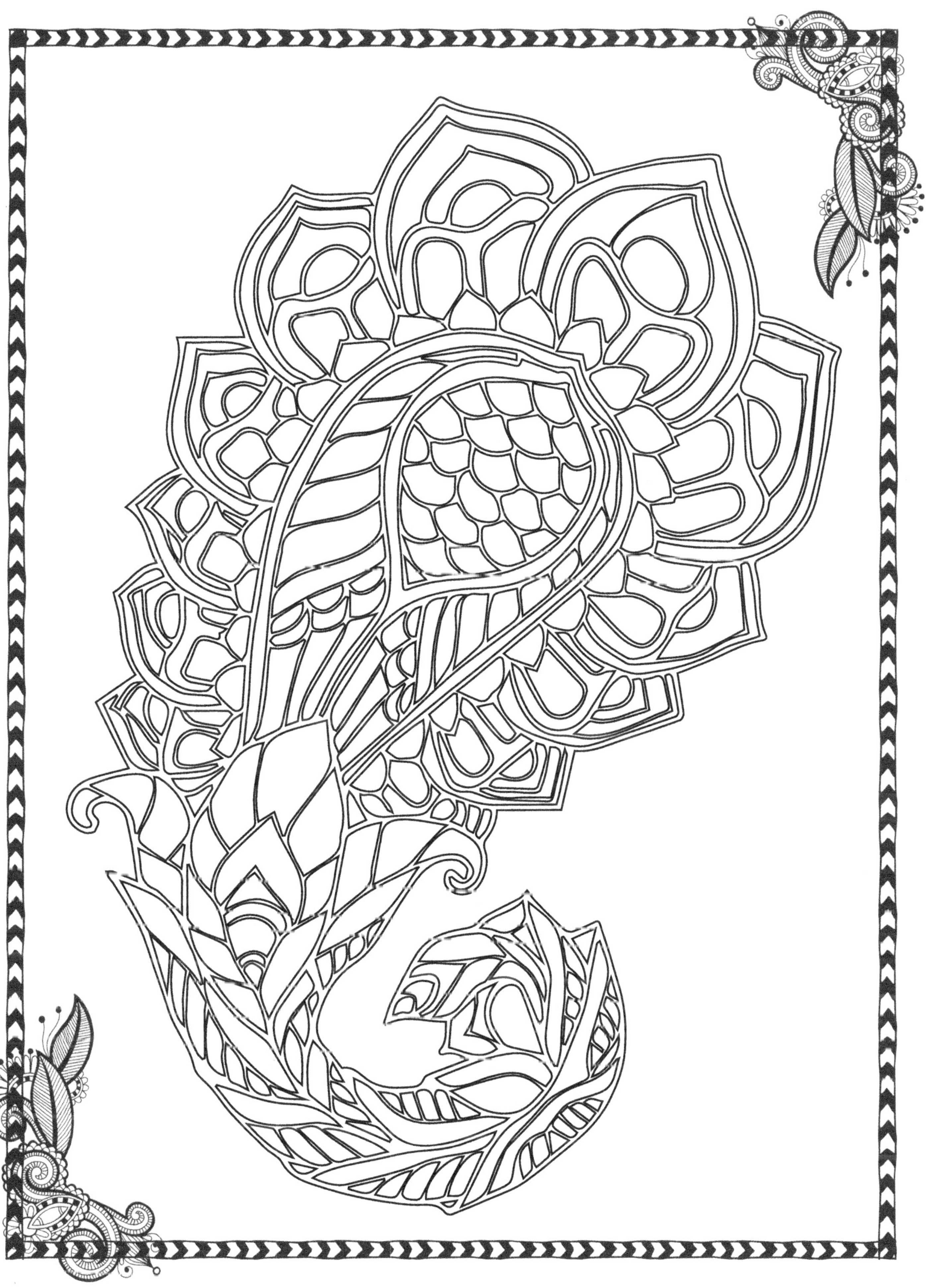

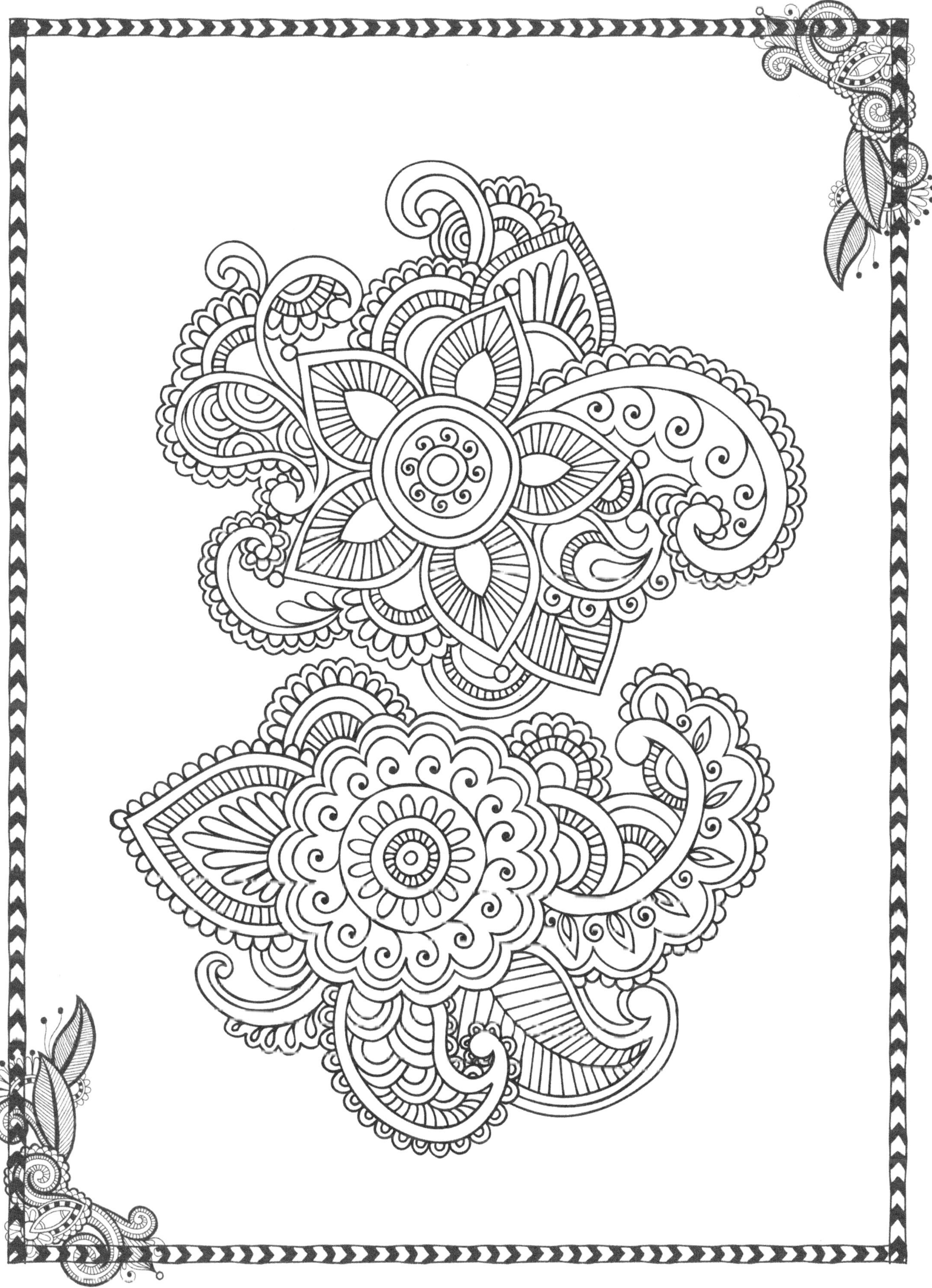

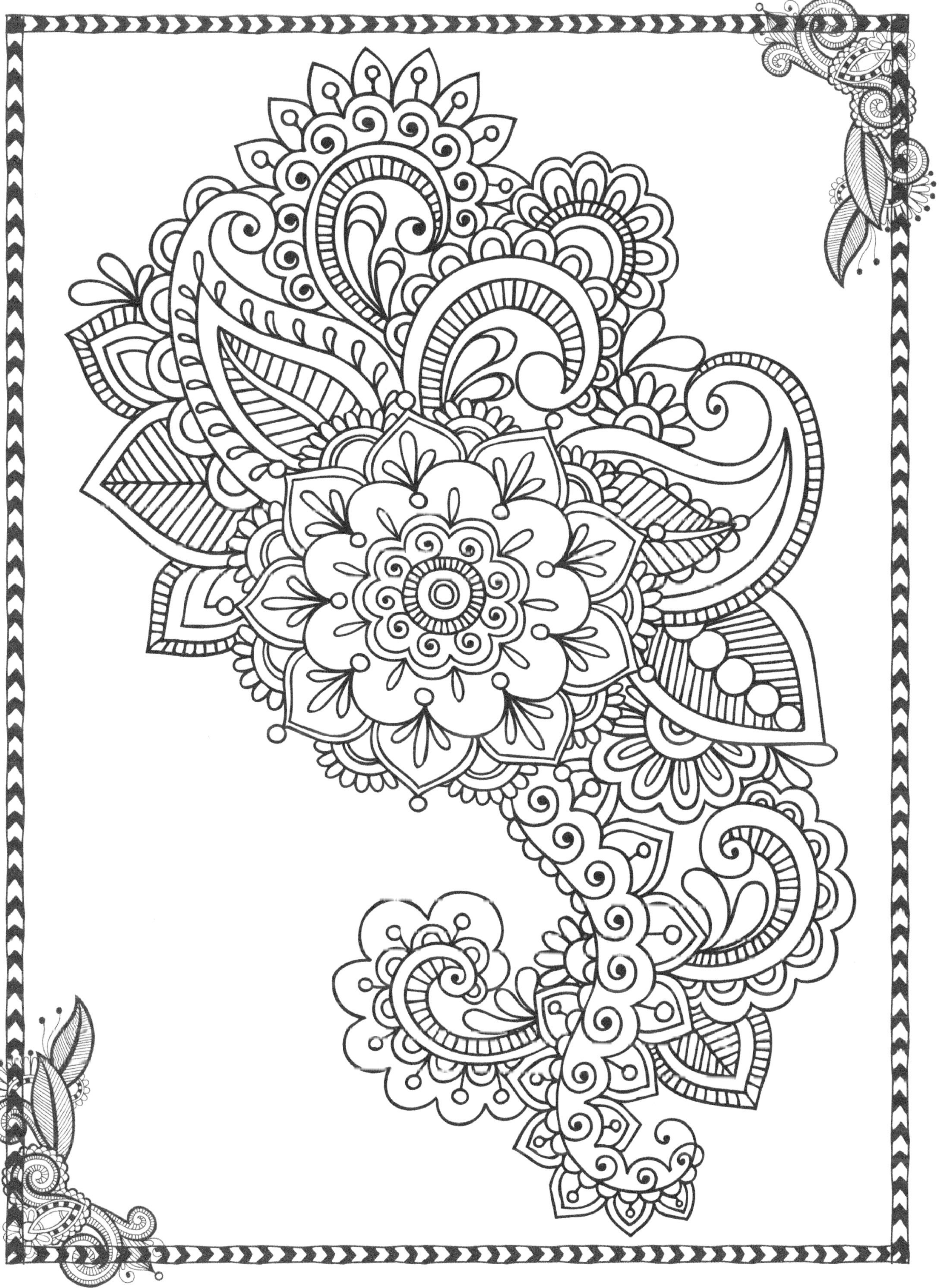

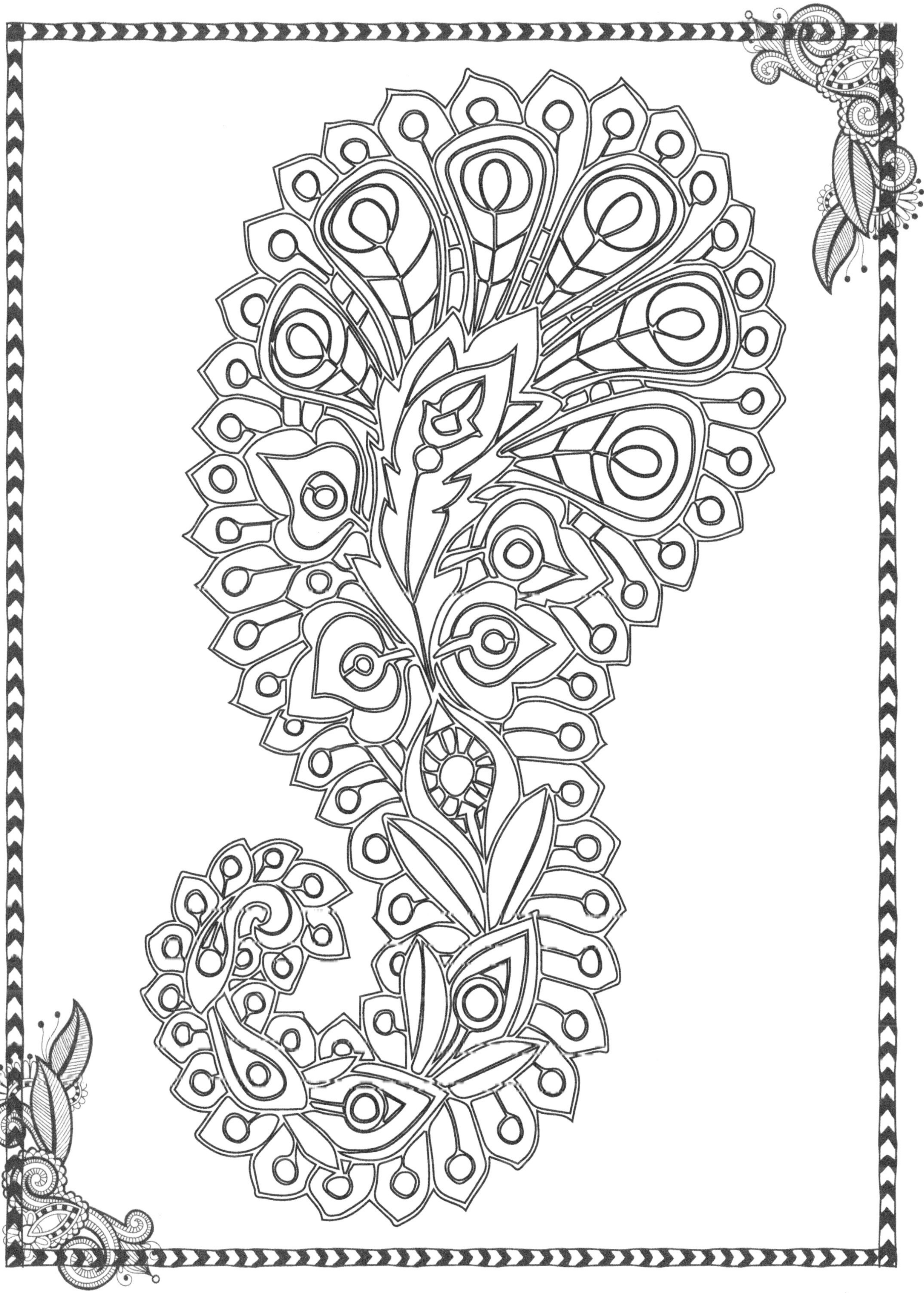

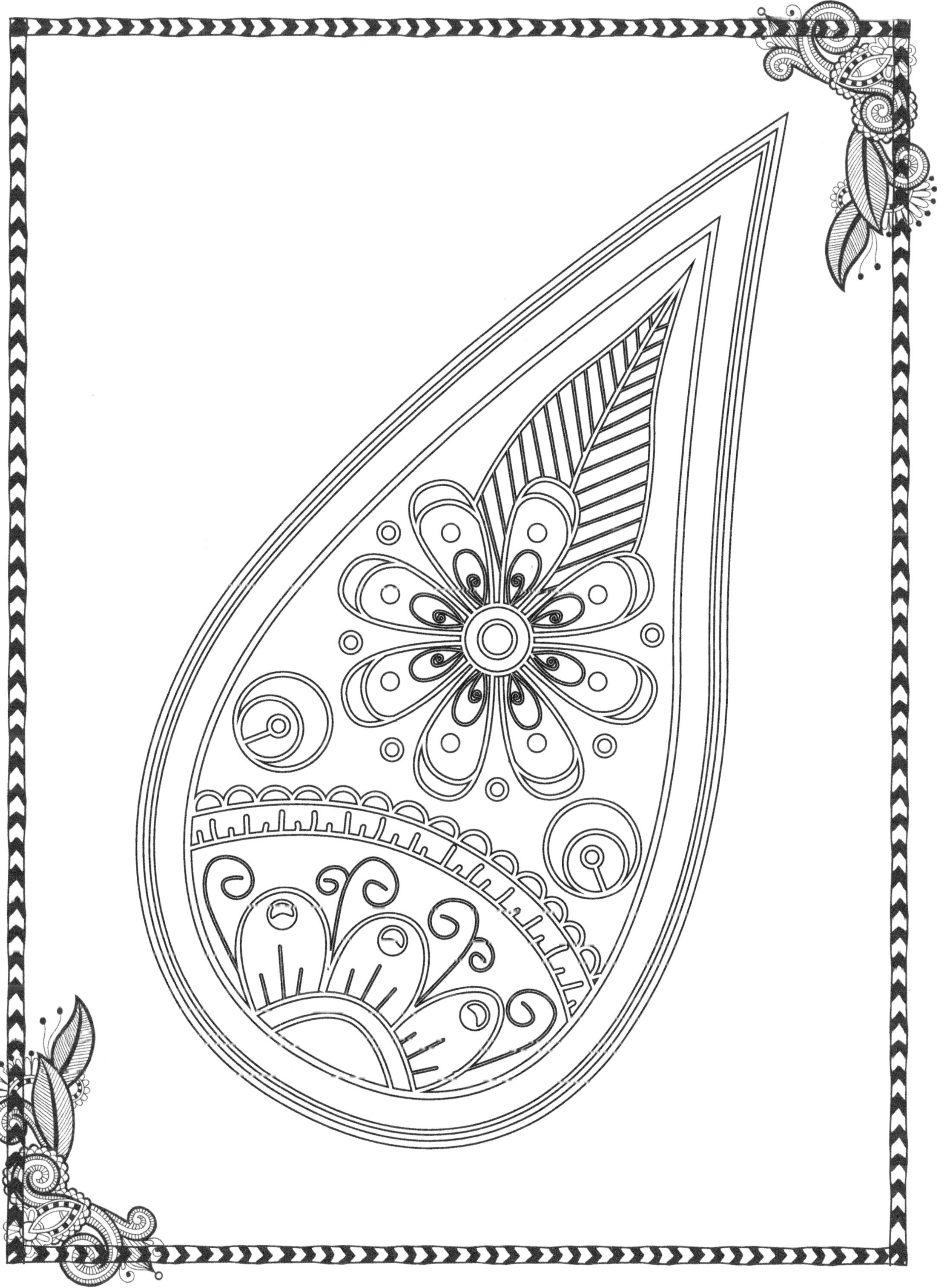

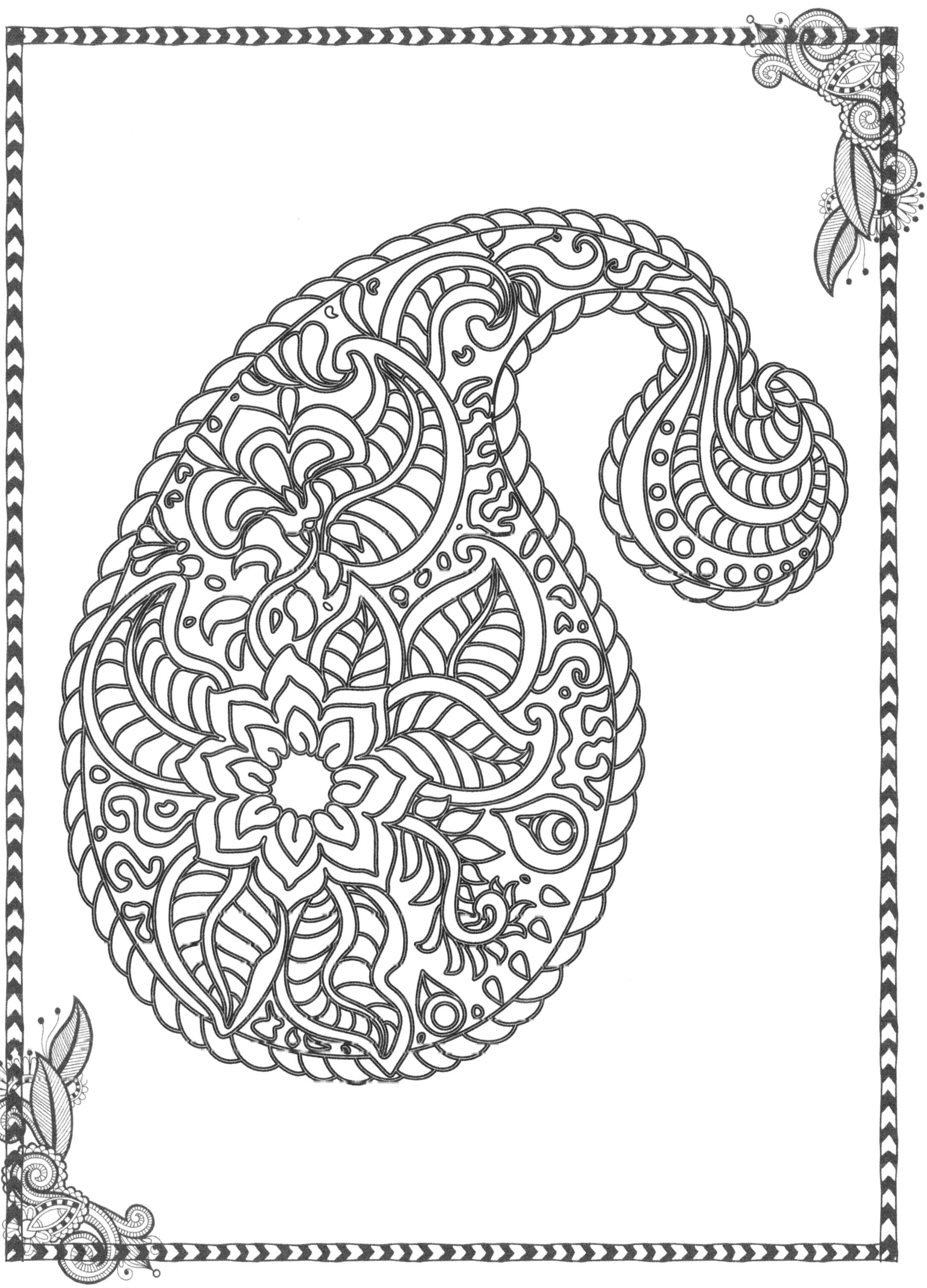

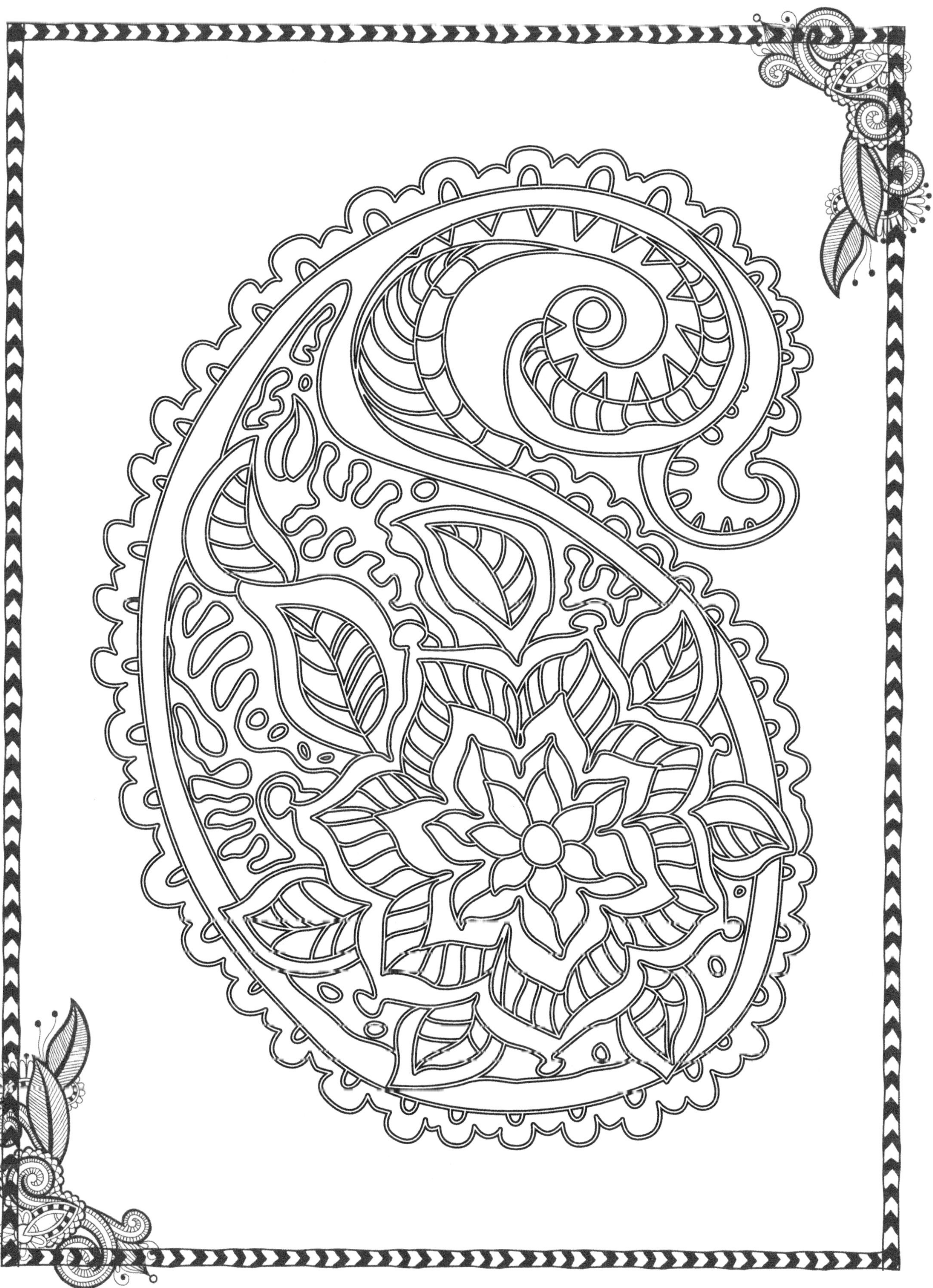

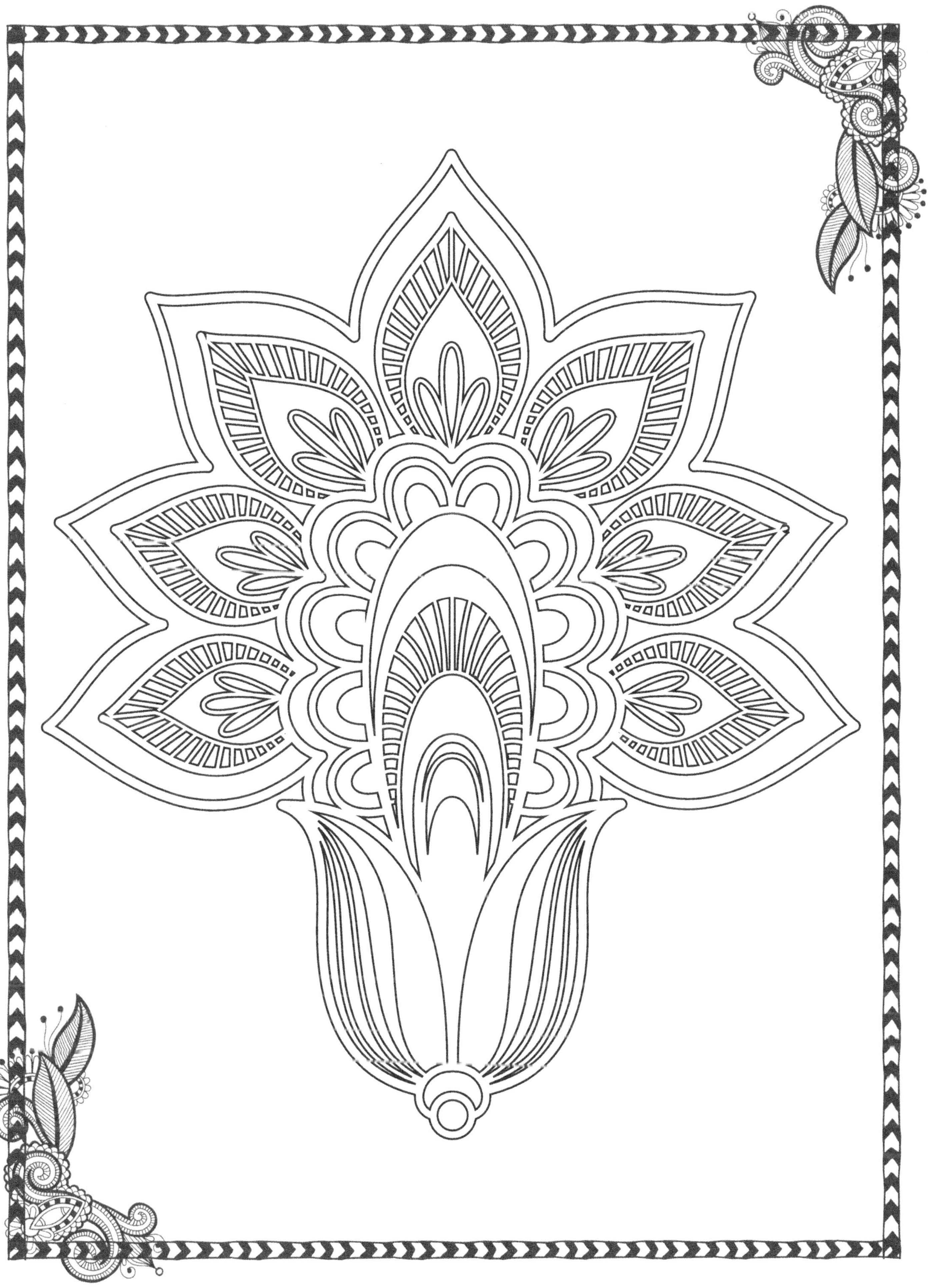

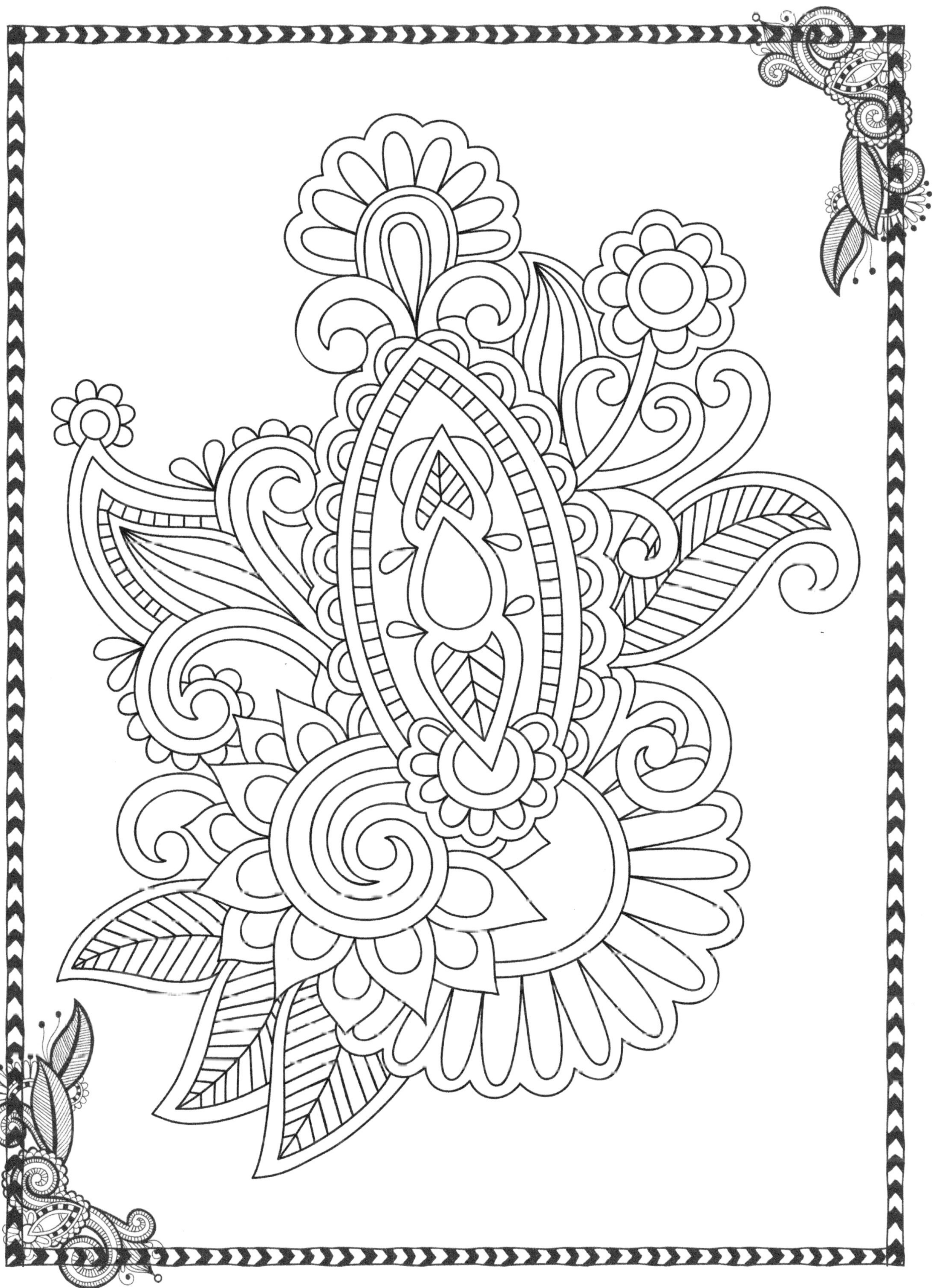

Made in the USA
Monee, IL
07 July 2026

56545651R00059